Porção Semanal da Torá

Livro de Atividades

Porção Semanal da Torá - Livro de Atividades

Todos os direitos reservados. Ao adquirir este Livro de Atividades, o comprador está autorizado a copiar as fichas de atividades apenas para uso pessoal e em sala de aula, mas não para revenda comercial. Com exceção do acima exposto, este Livro de Atividades não pode ser reproduzido total ou parcialmente de nenhuma maneira sem a permissão por escrito da editora.

Bible Pathway Adventures® é uma marca registrada da BPA Publishing Ltd.

ISBN: 978-1-989961-25-4

Autora: Pip Reid

Diretor Criativo: Curtis Reid

Para recursos bíblicos gratuitos e pacotes para professores, incluindo páginas para colorir, planilhas, questionários e muito mais, visite nosso site em:

www.biblepathwayadventures.com

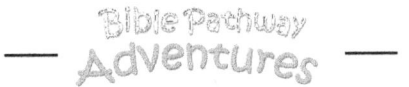

◈◇ Introdução ◇◈

Divirta-se enquanto ensina a seus filhos sobre a Torá com nosso *Livro de Atividades de Porções Semanais da Torá*. Ele contém 54 atividades para impressão, além de cinco guias de estudo semanais da Torá e a página de atividades Anotações da Parashá, na qual os estudantes podem praticar por escrito o que aprenderam. O recurso perfeito para alunos de ensino domiciliar, professores da Escola Bíblica Dominical e pais.

Nossas planilhas de porções semanais da Torá incluem referências às escrituras que aprofundam a leitura da Torá, e uma lista de respostas no final para professores e pais.

A Bible Pathway Adventures ajuda educadores e pais a ensinar às crianças uma fé bíblica de forma divertida e criativa. Fazemos isso através dos nossos livros de histórias ilustradas, pacotes para professores e atividades para impressão — disponíveis para download em nosso site www.biblepathwayadventures.com

A busca pela Verdade é mais divertida do que a Tradição!

Índice

Introdução 3

Bereshit 6
Nôach 7
Lech Lechá 8
Vayerá 9
Chayê Sara 10
Toledot 11
Vayetsê 12
Vayishlach 13
Vayêshev 14
Mikêts 15
Vayigash 16
Vayechi 17
Shemot 18
Vaerá 19
Bô 20
Beshalach 21
Yitrô 22
Mishpatim 23
Terumá 24
Tetsavê 25
Ki Tissá 26
Vayak'hel 27
Pecudê 28
Vayicrá 29
Tsav 30
Shemini 31
Tazria 32
Metsorá 33
Acharê 34
Kedoshim 35
Emor 36

Behar	37
Bechucotai	38
Bamidbar	39
Nassô	40
Behaalotechá	41
Shelach	42
Côrach	43
Chucat	44
Balac	45
Pinechas	46
Matot	47
Massê	48
Devarim	49
Vaet'chananan	50
Êkev	51
Reê	52
Shofetim	53
Ki Tetsê	54
Ki Tavô	55
Nitsavim	56
Vayêlech	57
Haazínu	58
Vezot Haberachá	59
Bereshit / Guia de Estudo Semanal da Torá - Gênesis	60
Shemot / Guia de Estudo Semanal da Torá - Êxodo	61
Vayicrá / Guia de Estudo Semanal da Torá - Levítico	62
Bamidbar / Guia de Estudo Semanal da Torá - Números	63
Devarim / Guia de Estudo Semanal da Torá - Deuteronômio	64
Respostas	65
Conheça mais livros de atividades!	68

Bereshit

Leia Gênesis 1:1-6:8. Escreva um resumo desta Porção da Torá.

....

....

....

1. Em que dia Yah criou o homem?
....
....

2. Quem deu nome a todos os animais?
....
....

3. Quantos anos Adão tinha quando morreu?
....
....

Desenhe sua cena favorita desta Porção da Torá.

Yah usou Adão e Eva para...

....

....

Esta porção da Torá me ensina...

....

....

Nôach

Leia Gênesis 6:9-11:32. Escreva um resumo desta Porção da Torá.

....

....

....

1. Quantos pares de cada animal "limpo" entraram na arca?

....

....

2. Qual era o sinal de uma aliança entre Yah e Noé?

....

....

3. O quão alto o povo queria construir a torre de Babel?

....

....

Desenhe sua cena favorita desta Porção da Torá.

Yah usou Noé para...

....

....

Esta porção da Torá me ensina...

....

....

Lech Lechá

Leia Gênesis 12:1-17:27. Escreva um resumo desta Porção da Torá.

....

....

....

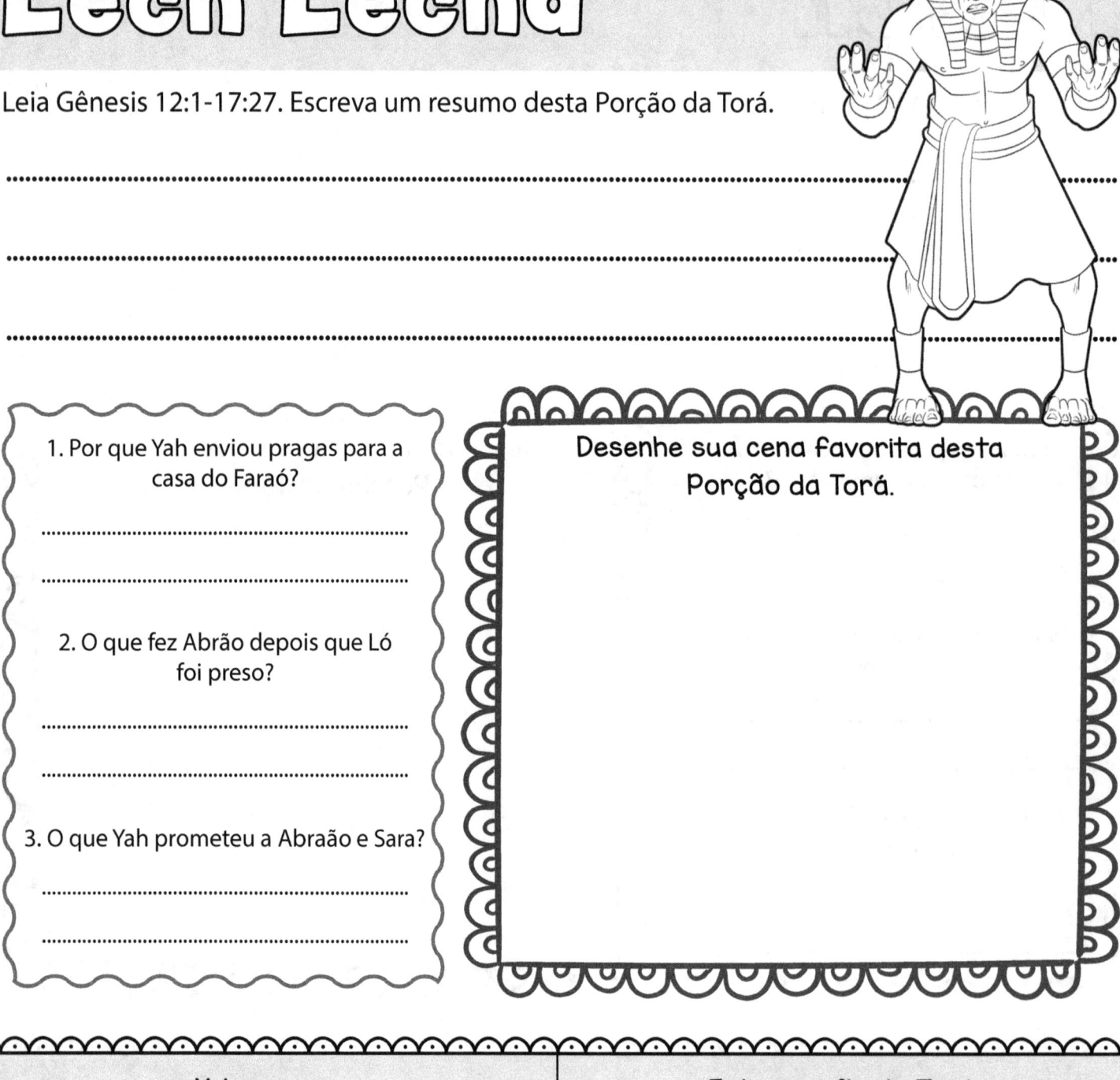

1. Por que Yah enviou pragas para a casa do Faraó?

....

....

2. O que fez Abrão depois que Ló foi preso?

....

....

3. O que Yah prometeu a Abraão e Sara?

....

....

Desenhe sua cena favorita desta Porção da Torá.

Yah usou Abraão para...

....

....

Esta porção da Torá me ensina...

....

....

Vayerá

Leia Gênesis 18:1-22:24. Escreva um resumo desta Porção da Torá.

....

....

....

1. Quem era a mulher de Abraão?

....

....

2. O que choveu em Sodoma e Gomorra?

....

....

3. Por que Abraão levou seu filho para a terra de Moriá?

....

....

Desenhe sua cena favorita desta Porção da Torá.

O que aprendi com a vida de Abraão?	Esta porção da Torá me ensina...
....	....
....	....

Chayê Sara

Leia Gênesis 23:1-25:18. Escreva um resumo desta Porção da Torá.

....

....

....

1. Onde Abraão enterrou Sara?

....

....

2. Que presentes o servo deu à Rebeca?

....

....

3. Com quem Rebeca se casou quando chegou ao Neguev?

....

....

Desenhe sua cena favorita desta Porção da Torá.

Yah usou o servo para...

Esta porção da Torá me ensina...

Toledot

Leia Gênesis 25:19-28:9. Escreva um resumo desta Porção da Torá.

....

....

....

1. Quem eram os filhos gêmeos de Isaque e Rebeca?

....

....

2. Por que os filisteus invejavam Isaque?

....

....

3. Por que Jacó fugiu para Padã-Arã e viveu com Labão?

....

....

Desenhe sua cena favorita desta Porção da Torá.

Yah usou Isaque para...

....

....

Esta porção da Torá me ensina...

....

....

Vayetsê

Leia Gênesis 28:10-32:3. Escreva um resumo desta Porção da Torá.

....

....

....

1. Quem estava na escada no sonho de Jacó?

....

....

2. Por quantos anos Jacó trabalhou para Raquel?

....

....

3. Onde Raquel escondeu os ídolos da casa de seu pai?

....

....

Desenhe sua cena favorita desta Porção da Torá.

Yah usou Jacó para...

Esta porção da Torá me ensina...

Vayishlach

Leia Gênesis 32:4-36:43. Escreva um resumo desta Porção da Torá.

....

....

....

1. Quantos homens Esaú levou consigo para ver Jacó?

....

....

2. Por que Yah mudou o nome de Jacó para Israel?

....

....

3. Por que Esaú levou sua família para morar no monte Seir?

....

....

Desenhe sua cena favorita desta Porção da Torá.

Liste os presentes que Jacó preparou para Esaú.

Esta porção da Torá me ensina...

Vayêshev

Leia Gênesis 37:1-40:24. Escreva um resumo desta Porção da Torá.

....

....

....

1. Quem era o mestre de José no Egito?
....
....

2. José entendeu os sonhos de quem na prisão?
....
....

3. Quem era o rei do Egito?
....
....

Desenhe sua cena favorita desta Porção da Torá.

Yah usou o Faraó para...

....
....

Esta porção da Torá me ensina...

....
....

Mikêts

Leia Gênesis 41:1-44:17. Escreva um resumo desta Porção da Torá.

....

....

....

1. Que emprego novo o Faraó deu a José?

....

....

2. Por que Jacó enviou seus filhos ao Egito?

....

....

3. O que José mandou seu servo esconder na saca de Benjamim?

....

....

Desenhe sua cena favorita desta Porção da Torá.

Enumere três países que fazem fronteira com o Egito atual.

....

....

Esta porção da Torá me ensina...

....

....

Vayigash

Leia Gênesis 44:18-47:27. Escreva um resumo desta Porção da Torá.

....

....

....

1. O que o Faraó disse que daria aos irmãos de José?

....

....

2. Em que terra a família de José se estabeleceu?

....

....

3. O que José deu aos egípcios em troca de gado?

....

....

Desenhe sua cena favorita desta Porção da Torá.

Yah usou José para…

....

....

Esta porção da Torá me ensina…

....

....

Vayechi

Leia Gênesis 47:28-50:26. Escreva um resumo desta Porção da Torá.

....

....

....

1. Quem era o primogênito de José?
....
....

2. Que tribo de Israel será como jumentos fortes?
....
....

3. Quantos dias os egípcios choraram por Jacó?
....
....

Desenhe sua cena favorita desta Porção da Torá.

Liste as doze tribos de Israel.

....
....

Esta porção da Torá me ensina...

....
....

Shemot

Leia Êxodo 1:1-6:1. Escreva um resumo desta Porção da Torá

....

....

....

1. Que instruções o Faraó deu às parteiras hebraicas?

....

....

2. Para que terra Moisés fugiu?

....

....

3. O que o Faraó fez quando Moisés pediu para libertar os hebreus?

....

....

Desenhe sua cena favorita desta Porção da Torá.

Yah usou as parteiras para...

....

....

Esta porção da Torá me ensina...

....

....

Vaerá

Leia Êxodo 6:2-9:35. Escreva um resumo desta Porção da Torá.

....

....

....

1. Com quem Yah estabeleceu Sua Aliança?

....

....

2. De quem era o gado que morreu na quinta praga?

....

....

3. Em que parte do Egito não caiu granizo?

....

....

Desenhe sua cena favorita desta Porção da Torá.

Yah usou as pragas para mostrar aos egípcios...

....

....

Esta porção da Torá me ensina...

....

....

Bô

Leia Êxodo 10:1-13:16. Escreva um resumo desta Porção da Torá.

....

....

....

1. Em que mês hebraico é a Páscoa?

....

....

2. Por quanto tempo Yah pediu que os israelitas honrassem a Páscoa?

....

....

3. Qual foi a décima praga?

....

....

Desenhe sua cena favorita desta Porção da Torá.

Yah usou os egípcios para...

....

....

Esta porção da Torá me ensina...

....

....

Beshalach

Leia Êxodo 13:17-17:16. Escreva um resumo desta Porção da Torá.

....

....

....

1. De quem eram os ossos que os israelitas levaram com eles?

....

....

2. Como Yah abriu o Mar Vermelho?

....

....

3. Como Yah deu água aos israelitas em Refidim?

....

....

Desenhe sua cena favorita desta Porção da Torá.

Yah usou Josué para...	Esta porção da Torá me ensina...
....	....
....	....

Yitrô

Leia Êxodo 18:1-20:26. Escreva um resumo desta Porção da Torá.

....

....

....

1. Que relação Jetro tinha com Moisés?
....
....

2. Onde foi que os israelitas receberam os Dez Mandamentos?
....
....

3. Qual dia é santo e reservado para Yah?
....
....

Desenhe sua cena favorita desta Porção da Torá.

Yah usou Jetro para...

Esta porção da Torá me ensina...

Mishpatim

Leia Êxodo 21:1-24:18. Escreva um resumo desta Porção da Torá.

....

....

....

1. O que deve acontecer à terra a cada sétimo ano?

....

....

2. Que tipo de pão é comido durante a Pessach?

....

....

3. Em quais três festivais os homens devem aparecer diante de Yah?

....

....

Desenhe sua cena favorita desta Porção da Torá.

Yah nos pede para honrarmos o Sabá porque...

....

....

Esta porção da Torá me ensina...

....

....

Terumá

Leia Êxodo 25:1-27:19. Escreva um resumo desta Porção da Torá.

....

....

....

1. Que tipo de madeira se usou para fazer a Arca?

....

....

2. O que Yah disse para colocar dentro da Arca?

....

....

3. Que metal foi usado para fazer o assento da misericórdia?

....

....

Desenhe sua cena favorita desta Porção da Torá.

Obedecer aos mandamentos de Yah me ajuda a...

....

....

Esta porção da Torá me ensina...

....

....

Tetsavê

Leia Êxodo 27:20-30:10. Escreva um resumo desta Porção da Torá.

....

....

....

1. Que três homens Yah escolheu para servir como sacerdotes?

....

....

2. Quantas pedras havia no peitoral do Sumo Sacerdote?

....

....

3. De que cor era o manto do éfode?

....

....

Desenhe sua cena favorita desta Porção da Torá.

Yah usou o Sumo Sacerdote para...

Esta porção da Torá me ensina...

Ki Tissá

Leia Êxodo 30:11-34:35. Escreva um resumo desta Porção da Torá.

....

....

....

1. Qual animal Aarão fez de ouro?

....

....

2. Como Moisés destruiu o bezerro de ouro?

....

....

3. Como Moisés castigou os israelitas por adorarem o bezerro?

....

....

Desenhe sua cena favorita desta Porção da Torá.

Yah usou Bezalel e Aoliabe para...

....

....

Esta porção da Torá me ensina...

....

....

Vayak'hel

Leia Êxodo 35:1-38:20. Escreva um resumo desta Porção da Torá.

....

....

....

1. Que tipo de artesãos foram escolhidos para fazer o Tabernáculo?

....

....

2. Quantos braços tem a Menorá?

....

....

3. Que metal foi usado para fazer as estacas da tenda?

....

....

Desenhe sua cena favorita desta Porção da Torá.

Eu dou generosamente a Yah ao...

Esta porção da Torá me ensina...

Pecudê

Leia Êxodo 38:21-40:38. Escreva um resumo desta Porção da Torá.

....

....

....

1. Quanto ouro foi usado para construir o santuário?

....

....

2. Onde Moisés colocou o altar do holocausto?

....

....

3. O que havia no Tabernáculo de dia e de noite?

....

....

Desenhe sua cena favorita desta Porção da Torá.

Como você descreveria o caráter de Bezalel?	Esta porção da Torá me ensina...

Vayicrá

Leia Levítico 1:1-5:26 (6:7). Escreva um resumo desta Porção da Torá.

....

....

....

1. Para onde os israelitas levavam suas ofertas queimadas?

....

....

2. Quais tipos de pássaros eram usados como ofertas queimadas?

....

....

3. Que animal foi morto para um sacerdote como oferta pelo pecado?

....

....

Desenhe sua cena favorita desta Porção da Torá.

Os sacerdotes faziam ofertas para...

....

....

Esta porção da Torá me ensina...

....

....

Tsav

Leia Levítico 6:8-8:36. Escreva um resumo desta Porção da Torá.

....

....

....

1. Quem pode comer a oferta pelo pecado?

....

....

2. Onde é que os israelitas viram Moisés ungir Aarão e seus filhos?

....

....

3. O que Moisés colocou no peitoral?

....

....

Desenhe sua cena favorita desta Porção da Torá.

Yah usou os sacerdotes para...

....

....

Esta porção da Torá me ensina...

....

....

Shemini

Leia Levítico 9:1-11:47. Escreva um resumo desta Porção da Torá.

....

....

....

1. Quem eram os dois filhos de Aarão?

....

....

2. O que os filhos de Aarão ofereceram diante de Yah?

....

....

3. Como os filhos de Aarão morreram?

....

....

Desenhe sua cena favorita desta Porção da Torá.

É importante obedecer às instruções de Yah porque…

Esta porção da Torá me ensina…

....

....

Tazria

Leia Levítico 12:1-13:59. Escreva um resumo desta Porção da Torá.

....

....

....

1. Quem examina uma pessoa com hanseníase?

....

....

2. Que roupas uma pessoa com hanseníase usa?

....

....

3. Onde vive alguém com hanseníase enquanto não está curado?

....

....

Desenhe sua cena favorita desta Porção da Torá.

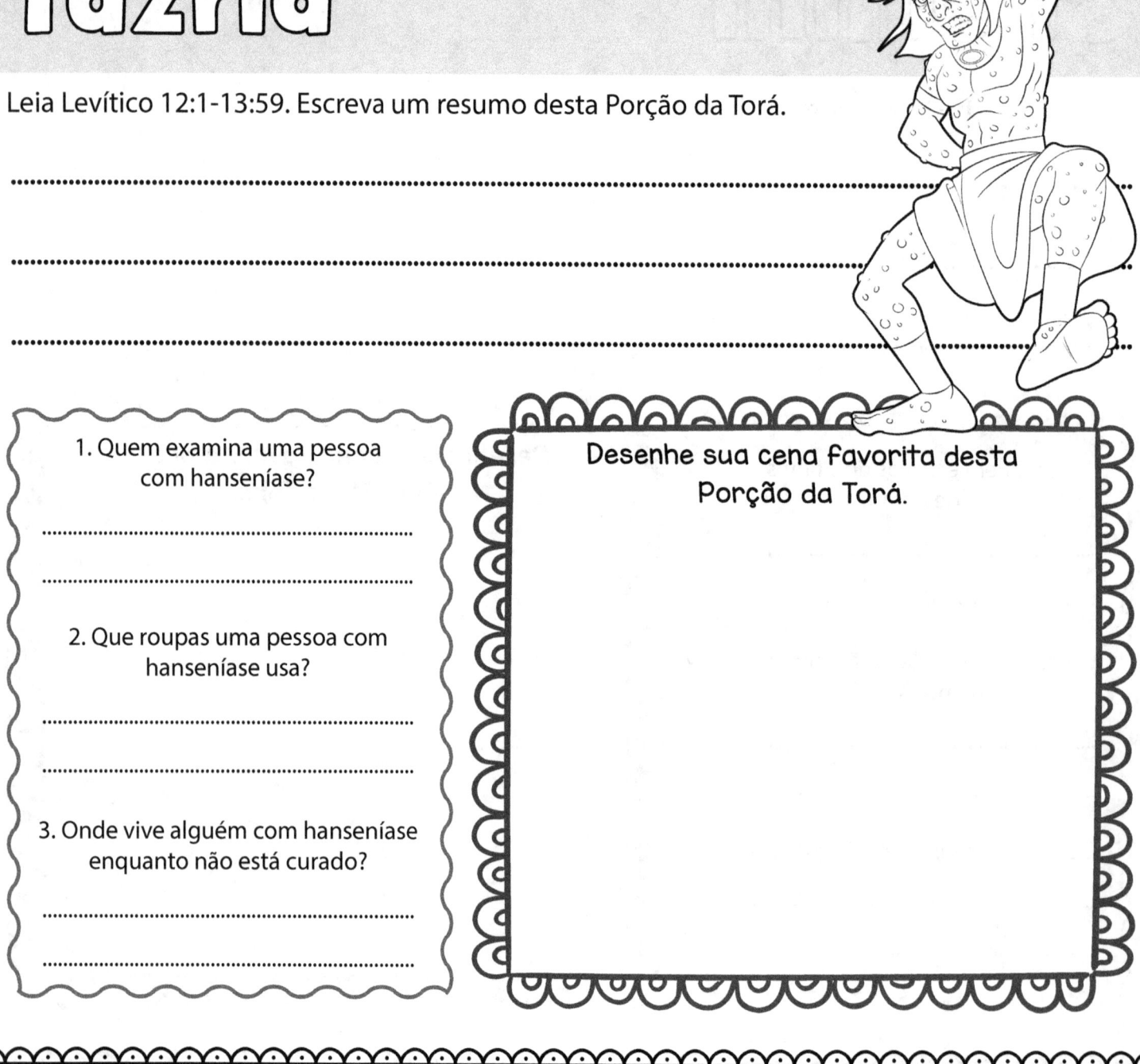

Alguém com hanseníase vive fora do acampamento, para que...

....

....

Esta porção da Torá me ensina...

....

....

Metsorá

Leia Levítico 14:1-15:33. Escreva um resumo desta Porção da Torá.

....

....

....

1. O que fazia um homem limpo antes de entrar de volta no acampamento?

....

....

2. Onde viveu este homem durante sete dias?

....

....

3. O que este homem levou ao sacerdote no oitavo dia?

....

....

Desenhe sua cena favorita desta Porção da Torá.

Yah usou os sacerdotes para...	Esta porção da Torá me ensina...

Acharê

Leia Levítico 16:1-18:30. Escreva um resumo desta Porção da Torá.

....

....

....

1. O que Aarão vestia quando entrou no Lugar Santo?

....

....

2. O que Aarão borrifou em frente ao assento da misericórdia?

....

....

3. De quem eram os estatutos que Yah alertou os israelitas a não seguirem?

....

....

Desenhe sua cena favorita desta Porção da Torá.

Yah usou Aarão para...

....

....

Esta porção da Torá me ensina...

....

....

Kedoshim

Leia Levítico 19:1-20:27. Escreva um resumo desta Porção da Torá.

....

....

....

1. O que não devemos fazer de metal fundido?

....

....

2. O que não devemos fazer aos nossos corpos?

....

....

3. Quem devemos honrar em Levítico 19:32?

....

....

Desenhe sua cena favorita desta Porção da Torá.

É importante honrar os mais velhos porque…

....

....

Esta porção da Torá me ensina…

....

....

Emor

Leia Levítico 21:1-24:23. Escreva um resumo desta Porção da Torá.

....

....

....

1. Que celebração acontece sete semanas após o Dia dos Primeiros Frutos?
....
....

2. Em que dia é a Festa das Trombetas?
....
....

3. No que os israelitas residem durante o Festival de Sucot?
....
....

Desenhe sua cena favorita desta Porção da Torá.

Manter as celebrações de Yah é importante porque...	Esta porção da Torá me ensina...

Behar

Leia Levítico 25:1-26:2. Escreva um resumo desta Porção da Torá.

....

....

....

1. O que é o quinquagésimo ano para os israelitas?

....

....

2. Como devemos tratar um irmão que se torna pobre?

....

....

3. Quem não deve ser vendido como escravo?

....

....

Desenhe sua cena favorita desta Porção da Torá.

Se obedecermos às instruções de Yah, Ele promete...

Esta porção da Torá me ensina...

Bechucotai

Leia Levítico 26:3-27:34. Escreva um resumo desta Porção da Torá.

....

....

....

1. Quanto tempo durará a colheita das uvas?

....

....

2. Onde é que Yah espalhará o seu povo?

....

....

3. Qual é o valor de um homem de 20 a 60 anos?

....

....

Desenhe sua cena favorita desta Porção da Torá.

Se o povo obedecesse às instruções de Yah, Ele prometeu…

Esta porção da Torá me ensina…

Bamidbar

Leia Números 1:1-4:20. Escreva um resumo desta Porção da Torá.

....

....

....

1. Quais instruções Yah deu a Moisés?
....
....

2. De quem era a função de carregar a Arca da Aliança?
....
....

3. Quem eram os quatro filhos de Aarão?
....
....

Desenhe sua cena favorita desta Porção da Torá.

Yah usou os levitas para...

....
....

Esta porção da Torá me ensina...

....
....

Nassô

Leia Números 4:21-7:89. Escreva um resumo desta Porção da Torá.

....

....

....

1. Por quanto tempo um nazireu não pode cortar o cabelo?

....

....

2. Que presente um nazireu leva a Yah depois de terminado seu voto?

....

....

3. Onde um nazireu pode raspar a cabeça?

....

....

Desenhe sua cena favorita desta Porção da Torá.

Leia Juízes 13:5.
Yah usou Sansão para...

....

....

Esta porção da Torá me ensina...

....

....

Behaalotechá

Leia Números 8:1-12:16. Escreva um resumo desta Porção da Torá.

....

....

....

1. Quantas lâmpadas iluminam a Menorá?

....

....

2. Por quanto tempo um levita servia no Tabernáculo?

....

....

3. Por que Yah pôs fogo em partes do acampamento?

....

....

Desenhe sua cena favorita desta Porção da Torá.

Eu guardo a refeição da Páscoa porque...

Esta porção da Torá me ensina...

Shelach

Leia Números 13:1-15:41. Escreva um resumo desta Porção da Torá.

....

....

....

1. Quantos homens foram espionar Canaã?

....
....

2. Quem os espiões viram em Neguev?

....
....

3. Quanto tempo os espiões ficaram em Canaã?

....
....

Desenhe sua cena favorita desta Porção da Torá.

Faça uma lista das pessoas da sua família que usam tzitzits.

....
....

Esta porção da Torá me ensina...

....
....

Côrach

Leia Números 16:1-18:32. Escreva um resumo desta Porção da Torá.

....

....

....

1. De quem era a autoridade que Corá e os homens desafiaram?

....

....

2. O que aconteceu aos homens de Corá e às suas famílias?

....

....

3. O que matou 14.700 pessoas no acampamento?

....

....

Desenhe sua cena favorita desta Porção da Torá.

Yah castigou Corá e os seus homens porque...

....

....

Esta porção da Torá me ensina...

....

....

Chucat

Leia Números 19:1-22:1. Escreva um resumo desta Porção da Torá.

....

....

....

1. Onde Miriã morreu?

....

....

2. O que aconteceu quando Moisés bateu na rocha duas vezes?

....

....

3. Por que Yah enviou serpentes ardentes para os israelitas?

....

....

Desenhe sua cena favorita desta Porção da Torá.

Yah usou Moisés para...

....

....

Esta porção da Torá me ensina...

....

....

Balac

Leia Números 22:2-25:9. Escreva um resumo desta Porção da Torá.

....

....

....

1. Por que Balac pediu que Balaão fosse à Moabe?

....

....

2. Que animal falou com Balaão?

....

....

3. Quantas vezes Balaão abençoou os israelitas?

....

....

Desenhe sua cena favorita desta Porção da Torá.

Yah usou Balaão para...

....

....

Esta porção da Torá me ensina...

....

....

Pinechas

Leia Números 25:10-30:1. Escreva um resumo desta Porção da Torá.

....

....

....

1. Que aliança Yah deu a Fineias?
....
....

2. Por que Yah não deixou Moisés entrar na Terra Prometida?
....
....

3. Quem foi que Yah ungiu como líder depois de Moisés?
....
....

Desenhe sua cena favorita desta Porção da Torá.

Em quais celebrações levamos ofertas diante de Yah?

....
....

Esta porção da Torá me ensina...

....
....

Matot

Leia Números 30:2-32:42. Escreva um resumo desta Porção da Torá.

....

....

....

1. Quem eram os cinco reis de Midiã?
....
....

2. Quem liderou a batalha contra os midianitas?
....
....

3. Quantos burros foram tirados dos midianitas?
....
....

Desenhe sua cena favorita desta Porção da Torá.

Yah usou Fineias para...

Esta porção da Torá me ensina...

Massê

Leia Números 33:1-36:13. Escreva um resumo desta Porção da Torá.

....

....

....

1. Quem conduziu os israelitas para fora do Egito?

....

....

2. O que os israelitas encontraram em Elim?

....

....

3. Qual é o castigo por homicídio?

....

....

Desenhe sua cena favorita desta Porção da Torá.

Yah implementou cidades de refúgio porque...

....

....

Esta porção da Torá me ensina...

....

....

Devarim

Leia Deuteronômio 1:1-3:22. Escreva um resumo desta Porção da Torá.

....
....
....

1. Por que os israelitas tiveram medo de entrar na Terra Prometida?
....
....

2. Quantos anos os israelitas viveram no deserto?
....
....

3. Quão grande era a cama do Rei Ogue?
....
....

Desenhe sua cena favorita desta Porção da Torá.

Um israelita é alguém que...	Esta porção da Torá me ensina...
....	....
....	....

Vaet'chananan

Leia Deuteronômio 3.23-7.11. Escreva um resumo desta Porção da Torá.

....

....

....

1. No que Yah escreveu os Dez Mandamentos?

....

....

2. Por que Yah permitiu que os israelitas ouvissem Sua voz do céu?

....

....

3. Quais sete nações os israelitas derrotaram?

....

....

Desenhe sua cena favorita desta Porção da Torá.

Yah usou Moisés para ensinar...

....

....

Esta porção da Torá me ensina...

....

....

Êkev

Leia Deuteronômio 7:12-11:25. Escreva um resumo desta Porção da Torá.

....

....

....

1. Que alimento Yah deu aos israelitas no deserto?

....

....

2. O que Moisés fez ao bezerro de ouro?

....

....

3. O que acontecerá se os israelitas adorarem a outros deuses?

....

....

Desenhe sua cena favorita desta Porção da Torá.

Os israelitas viveram no deserto durante quarenta anos, para...

....

....

Esta porção da Torá me ensina...

....

....

Reê

Leia Deuteronômio 11:26-16:17. Escreva um resumo desta Porção da Torá.

....

....

....

1. O que Yah pôs diante dos israelitas?

....

....

2. O que não se deve cozinhar no leite de sua mãe?

....

....

3. Quanto tempo dura o Festival de Sucot?

....

....

Desenhe sua cena favorita desta Porção da Torá.

Eu mantenho o Festival de Sucot ao...	Esta porção da Torá me ensina...
....	....

Shofetim

Leia Deuteronômio 16:18-21:9. Escreva um resumo desta Porção da Torá.

....

....

....

1. O que juízes não devem aceitar?

....

....

2. Que quatro coisas um rei não deve adquirir?

....

....

3. O que é uma abominação para Yah?

....

....

Desenhe sua cena favorita desta Porção da Torá.

Devo evitar o ocultismo porque...

....

....

Esta porção da Torá me ensina...

....

....

Ki Tetsê

Leia Deuteronômio 21:10-25:19. Escreva um resumo desta Porção da Torá.

....

....

....

1. O que acontecerá a um filho rebelde?
....
....

2. Quanto tempo um homem recém-casado pode passar em casa com sua mulher?
....
....

3. Em que dia se deve pagar a um trabalhador contratado?
....
....

Desenhe sua cena favorita desta Porção da Torá.

Eu trato as pessoas com respeito ao...

Esta porção da Torá me ensina...

Ki Tavô

Leia Deuteronômio 26:1-29:8. Escreva um resumo desta Porção da Torá.

....

....

....

1. Em que ano é o ano do dízimo?

....

....

2. O que acontecerá se os israelitas obedecerem aos mandamentos de Yah?

....

....

3. Onde Yah fez uma aliança com os israelitas?

....

....

Desenhe sua cena favorita desta Porção da Torá.

Yah usou Moisés para...	Esta porção da Torá me ensina...

Nitsavim

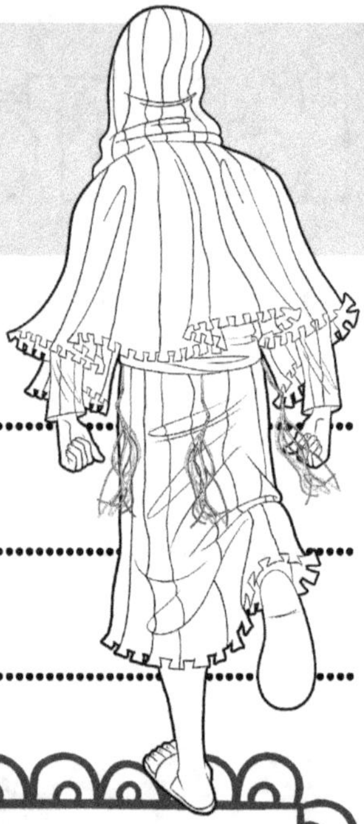

Leia Deuteronômio 29:9-30:20. Escreva um resumo desta Porção da Torá.

....

....

....

1. Com quem Yah fez uma aliança?
....
....

2. Quais cidades Yah derrubou?
....
....

3. O que acontecerá se servirmos a outros deuses?
....
....

Desenhe sua cena favorita desta Porção da Torá.

Se obedecermos às Suas instruções, Yah promete…

....

....

Esta porção da Torá me ensina…

....

....

Vayêlech

Leia Deuteronômio 31:1-30. Escreva um resumo desta Porção da Torá.

....

....

....

1. Que idade tinha Moisés quando ele falou com os israelitas?
....
....

2. O que será lido aos israelitas no Sucot?
....
....

3. O que Moisés mandou os levitas porem junto à Arca?
....
....

Desenhe sua cena favorita desta Porção da Torá.

Yah usou os levitas para...

Esta porção da Torá me ensina...

Haazínu

Leia Deuteronômio 32:1-52. Escreva um resumo desta Porção da Torá.

....

....

....

1. Como os israelitas deixaram Yah zangado?

....

....

2. Em que montanha morreu Aarão?

....

....

3. Que cidade é mencionada no versículo 49?

....

....

Desenhe sua cena favorita desta Porção da Torá.

Posso agradar Yah ao...

....

....

Esta porção da Torá me ensina...

....

....

Vezot Haberachá

Leia Deuteronômio 33:1-34:12. Escreva um resumo desta Porção da Torá.

....

....

....

1. De onde Yah resplandeceu?

....

....

2. Quem se agacha como um leão?

....

....

3. Quantos anos Moisés tinha quando morreu?

....

....

Desenhe sua cena favorita desta Porção da Torá.

Obedecer à Torá de Yah é importante porque...

Esta porção da Torá me ensina...

Bereshit - Guia de Estudo Semanal da Torá

Com leituras dos Profetas e dos Apóstolos

Parashá	Leitura da Torá	Leitura dos Profetas	Leitura dos Apóstolos
Bereshit	Gênesis 1:1-6:8	Isaías 42:5-43:10	João 1:1-18
			Romanos 5:12-21
			Mateus 19:4-6
Nôach	Gênesis 6:9-11:32	Isaías 54:1-55:5	Mateus 24:36-44
			1 Pedro 3:18-22
Lech Lechá	Gênesis 12:1-17:27	Isaías 40:27-41:16	Hebreus 7:1-22
			Romanos 4:1-25
			Atos dos Apóstolos 7:1-8
Vayerá	Gênesis 18:1-22:24	2 Reis 4:1-37	Gálatas 4:21-31
			Tiago 2:14-24
			Hebreus 11:13-19
Chayê Sara	Gênesis 23:1-25:18	1 Reis 1:1-31	1 Pedro 3:1-7
			1 Coríntios 15:50-57
			Hebreus 11:11-16
Toledot	Gênesis 25:19-28:9	Malaquias 1:1-2:7	Romanos 9:6-16
			Hebreus 11:20 & 12:14-17
Vayetsê	Gênesis 28:10-32:3	Oséias 12:12-14:9	Marcos 1:16-20
			João 1:43-51
			Hebreus 8:6-8
Vayishlach	Gênesis 32:3-36:43	Oséias 11:7-12:12	Mateus 26:36-46
			Apocalipse 7:1-14
			1 Coríntios 5:1-13
Vayêshev	Gênesis 37:1-40:23	Amós 2:6-3:8	Atos dos Apóstolos 7:9-16
Mikêts	Gênesis 41:1-44:17	1 Reis 3:15-4:1	Mateus 7:2
			Atos dos Apóstolos 7:9-16
Vayigash	Gênesis 44:18-47:27	Ezequiel 37:15-28	Romanos 9:1-19
			Romanos 11:13-24
			Efésios 2:11-22
			Mateus 10:1-7, 34
Vayechi	Gênesis 47:28-50:26	1 Reis 2:1-12	1 Pedro 2:4-10
			Lucas 1:23-33
			Hebreus 11:21-22

Shemot - Guia de Estudo Semanal da Torá

Com leituras dos Profetas e dos Apóstolos

Parashá	Leitura da Torá	Leitura dos Profetas	Leitura dos Apóstolos
Shemot	Êxodo 1:1-6:1	Isaías 27:6–28:13; 29:22-23	Hebreus 11:23-27
			Atos dos Apóstolos 7:17-35
			Lucas 20:37
Vaerá	Êxodo 6:2-9:35	Ezequiel 28:25–29:21	Romanos 9:14–17
			Atos dos Apóstolos 7:7,17–35
			1 Coríntios 3:11–15
Bo	Êxodo 10:1-13:16	Jeremias 46:13-28	João 19:1-37
			Atos dos Apóstolos 13:16-17
			2 Coríntios 6:14-7:1
Beshalach	Êxodo 13:17-17:16	Juízes 4:4-5:31	1 Coríntios 10:1-13
			Apocalipse 15:1-4
			Romanos 9:15-23
Yitrô	Êxodo 18:1-20:26	Isaías 6:1-7:6, 9:6-7	Mateus 19:16-30
			1 Timóteo 3:1-3
			Tiago 2:8-13
Mishpatim	Êxodo 21:1-24:18	Jeremias 34:8-22, 33:25-26	Tiago 3:2-12
			Mateus 5:38-42
			Hebreus 12:25-29
Terumá	Êxodo 25:1-27:19	1 Reis 5:26-5:13	Hebreus 13:10-12
			Mateus 5:14-16
			Hebreus 10:19-22
Tetsavê	Êxodo 27:20-30:10	Ezequiel 43:10-27	Hebreus 5:1-10
			Hebreus 13:10-17
			Romanos 12:1
Ki Tissá	Êxodo 30:11-34:35	1 Reis 18:1-39	1 Coríntios 12:1-31
			Atos dos Apóstolos 7:39-42
			Hebreus 3:1-6
Vayak'hel	Êxodo 35:1-38:20	1 Reis 7:13-26, 40-50	Hebreus 9:1-28
			2 Coríntios 9:1-15
			Hebreus 10:26-31
Pecudê	Êxodo 38:21-40:38	1 Reis 7:51-8:21	1 Coríntios 3:1-17
			Hebreus 5:1-11
			Hebreus 7:1-8:6

Vayicrá - Guia de Estudo Semanal da Torá

Com leituras dos Profetas e dos Apóstolos

Parashá	Leitura da Torá	Leitura dos Profetas	Leitura dos Apóstolos
Vayikra	Levítico 1:1-5:26	Isaías 43:21-44:23	Romanos 8:1-13
			Hebreus 9:11-28
			Hebreus 10:1-22
Tsav	Levítico 6:1-8:36	Jeremias 7:21-8:3,	Efésios 6:10-18
		Jeremias 9:22(23)-23(24)	2 Coríntios 6:14-7:1
			Hebreus 10:1-39
Shemini	Levítico 9:1-11:47	2 Samuel 6:1-7:17	Atos dos Apóstolos 5:1-11
			1 Timóteo 3:1-13
			1 Pedro 1:14-16
Tazria	Levítico 12:1-13:59	2 Reis 4:42-5:19	Lucas 2:22-24
			Marcos 1:40-45
			Tiago 3:1-12
Metsorá	Levítico 14:1-15:33	2 Reis 7:3-20	Mateus 9:20-26
			Romanos 6:19-23
			1 Pedro 1:15-16
Acharê	Levítico 16:1-18:30	Ezequiel 22:1-19	Hebreus 7:11-10:22
			Mateus 27:5
			Efésios 1:5-7
Kedoshim	Levítico 19:1-20:27	Amós 9:7-15	Efésios 6:1-3
		Ezequiel 20:2-20	Efésios 4:24-32
			Mateus 5:43-48
Emor	Levítico 21:1-24:23	Ezequiel 44:15-31	1 Pedro 1:13-17
			Mateus 5:38-42
			Tiago 2:1-9
Behar	Levítico 25:1-26:2	Jeremias 32:6-27	1 Coríntios 7:21-24
			Gálatas 6:7-10
			Lucas 4:16-21
Bechucotai	Levítico 26:3-27:34	Jeremias 16:19-17:14	Mateus 7:21-27
			Colossenses 3:1-10
			João 14:15-21

Bamidbar - Guia de Estudo Semanal da Torá

Com leituras dos Profetas e dos Apóstolos

Parashá	Leitura da Torá	Leitura dos Profetas	Leitura dos Apóstolos
Bamidbar	Números 1:1-4:20	Oséias 1:10(2:1)-20(22)	Apocalipse 7:1-8
			Apocalipse 4:1-11
			Tito 1:5-9
Nassô	Números 4:21-7:89	Juízes 13:2-25	Marcos 1:40-45
			Atos dos Apóstolos 21:17-26
			João 8:1-11
Behaalotechá	Números 8:1-12:16	Zacarias 2:10 (14)-4:7	Hebreus 4:14-5:10
			Hebreus 7:1-28
			1 Coríntios 10:10
Shelach	Números 13:1-15:41	Josué 2:1-24	Hebreus 3:7-19
			Efésios 2:11-19
			Gálatas 3:28-29
Côrach	Números 16:1-18:32	1 Samuel 11:14-12:22	Judas 1-25
			João 15:1-7
			1 Timóteo 5:17-18
Chucat	Números 19:1-22:1	Juízes 11:1-33	João 3:9-21
			Hebreus 9:11-22
			1 Coríntios 15:55-57
Balac	Números 22:2-25:9	Miquéias 5:6-6:8	2 Pedro 2:1-22
			Judas 11
			Apocalipse 2:14-15
Pinechas	Números 25:10-30:1	1 Reis 18:46-19:21	1 Timóteo 3:2-7
			2 Pedro 2:14-22
			Romanos 12:1
Matot	Números 30:2-32:42	Jeremias 1:1-2:3	Mateus 5:33-37
			Efésios 5:21-33
Massê	Números 33:1-36:13	Jeremias 2:4-28 & 3:4	Efésios 6:10-18
			Tiago 4:1-12
			2 Coríntios 10:3-6

Devarim - Guia de Estudo Semanal da Torá

Com leituras dos Profetas e dos Apóstolos

Parashá	Leitura da Torá	Leitura dos Profetas	Leitura dos Apóstolos
Devarim	Deuteronômio 1:1-3:22	Isaías 1:1-27	Tiago 2:1-9
			Atos dos Apóstolos 7:38-45
			Hebreus 3:7-4:11
Vaet'chanan	Deuteronômio 3:23-7:11	Isaías 40:1-26	Romanos 1:18-25
			Marcos 12:28-34
			1 Coríntios 6:19-20
Êkev	Deuteronômio 7:12-11:25	Isaías 49:14-51:3	Hebreus 12:5-11
			Romanos 8:31-39
			1 João 2:3-5
Reê	Deuteronômio 11:26-16:17	Isaías 44:11-45:5	1 Coríntios 5:9-13
			2 Pedro 2:1-22
			Hebreus 4:1-10
Shofetim	Deuteronômio 16:18-21:9	Isaías 51:12-53:12	Hebreus 10:28-31
			1 Timóteo 5:17-22
			Atos dos Apóstolos 7:35-53
Ki Tetsê	Deuteronômio 21:10-25:19	Isaías 54:1-10	Lucas 10:29-37
			1 Coríntios 11:2-15
			Marcos 10:2-12
Ki Tavô	Deuteronômio 26:1-29:8	Isaías 60:1-22	Romanos 2:6-11
			Lucas 21:1-4
			1 João 2:3-6
Nitsavim	Deuteronômio 29:9-30:20	Isaías 61:10-63:9	Romanos 10:6-8
			João 10:1-5
			Hebreus 8:7-12
Vayêlech	Deuteronômio 31:1-30	Isaías 55:6-56:8	Hebreus 13:5
			Romanos 8:31, 37
			Hebreus 8:7-12
Haazinu	Deuteronômio 32:1-52	2 Samuel 22:1-51	Romanos 9:24-29
			Apocalipse 3:14-21
			Mateus 10:5-6
Vezot Haberachá	Deuteronômio 33:1-34:12	Josué 1:1-18	Atos dos Apóstolos 3:22-23
			Hebreus 3:5
			Atos dos Apóstolos 7:17-44

Respostas

Bereshit
1. No sexto dia
2. Adão
3. 930 anos

Nôach
1. Sete
2. Um arco-íris
3. Até os céus

Lech Lechá
1. Porque Sara estava vivendo na casa do Faraó
2. Abrão lutou para salvar Ló
3. Um filho chamado Isaque

Vayerá
1. Sara
2. Fogo e enxofre do céu
3. Para oferecer Isaque como uma oferta queimada

Chayê Sara
1. Na gruta do campo de Machpelá
2. Um anel de ouro, duas pulseiras, joias de ouro e de prata e roupas
3. Isaque, filho de Abraão

Toledot
1. Jacó e Esaú
2. Porque Isaque era muito rico – ele tinha muitos servos, rebanhos e manadas
3. Porque Jacó tinha medo que Esaú o matasse.

Vayetsê
1. Os Anjos de Yah
2. Sete anos + sete anos
3. Na sela de seu camelo

Vayishlach
1. Quatrocentos homens
2. Yah disse a Jacó: "Pois lutaste com Deus e com os homens e prevaleceste".
3. Eles tinham bens demais para morar juntos. A terra não podia sustentá-los por causa de todo o seu gado

Vayêshev
1. Potifar
2. Copeiro e padeiro
3. O Faraó

Mikêts
1. Governador do Egito (Gênesis 42:6)
2. Para comprar grãos
3. Taça de prata

Vayigash
1. A melhor terra do Egito
2. Terra de Gósen
3. Comida

Vayechi
1. Manassís
2. Issacar
3. Setenta dias

Shemot
1. Matar os meninos hebreus e deixar as meninas hebreias viverem
2. Terra de Midiã
3. Ele fez os hebreus juntarem sua própria palha para a confecção de tijolos

Vaerá
1. Abraão, Isaque e Jacó
2. Dos egípcios
3. Terra de Gósen

Bô
1. Abibe
2. Para sempre
3. Morte do primogênito

Beshalach
1. Os ossos de José
2. Com um vento forte
3. Ele mandou Moisés atingir a rocha com seu cajado, e a água jorrou

Yitrô
1. Ele era sogro de Moisés
2. No Monte Sinai
3. O Sabá

Mishpatim
1. Deixar descansar e não cultivar
2. Pão ázimo
3. Pessach (Matzá), Colheitas (Shavuot) e Tabernáculos (Sucot)

Terumá
1. Madeira de acácia
2. O testemunho (tábuas de pedra com os mandamentos inscritos nelas)
3. Ouro

Tetsavê
1. Arão, Nadabe e Abiú
2. Doze pedras
3. Azul

Ki Tissá
1. Um bezerro
2. Derreteu-o no fogo e o moeu até virar pó
3. Ele forçou-os a beber pó de ouro

Vayak'hel
1. Artesãos qualificados
2. Sete braços
3. Prata

Pecudê
1. Vinte e nove talentos e 730 siclos
2. Na entrada do Tabernáculo
3. Um pilar de Yah como nuvem de dia e como fogo à noite.

Vayicrá
1. Para um sacerdote na entrada do Tabernáculo
2. Rolinhas ou pombos
3. Touro

Tsav
1. O sacerdote que a oferece
2. Na entrada do Tabernáculo
3. O Urim e o Tumim

Shemini
1. Nadabe e Abiú
2. Fogo não autorizado que Ele não tinha-lhes comandado.
3. Eles foram consumidos pelo fogo

Tazria
1. O sacerdote
2. Roupas rasgadas
3. Fora do acampamento

Metsorá
1. Lavava as roupas, raspava todo o cabelo e banhava-se em água.
2. No acampamento, mas fora de sua tenda
3. Dois cordeiros sem defeitos, uma ovelha sem defeitos e uma oferta de grãos

Acharê
1. As vestes do sumo sacerdote (túnica sagrada de linho, roupa de baixo de linho, faixa de linho e turbante de linho)
2. Sangue de touro
3. Dos egípcios e cananeus

Kedoshim
1. Falsos deuses
2. Cortes no corpo para os mortos ou tatuagens
3. Os idosos

Emor
1. Shavuot (Pentecostes)
2. Primeiro dia do sétimo mês
3. Sucás (abrigos temporários)

Behar
1. Um Jubileu
2. Apoiá-lo como se fosse um estranho e um peregrino, não se interessar em lucrar com ele, não lhe emprestar dinheiro com juros, nem lhe dar comida em troca de lucro
3. Os israelitas

Bechucotai
1. Até ao momento da sementeira
2. Entre as nações
3. Cinquenta siclos de prata

Bamidbar
1. Que fizesse um censo de toda a congregação de Israel
2. Os levitas
3. Nadabe, Abiú, Eleazar, Itamar

Nassô
1. Por todos os dias do seu voto de separação
2. Um cordeiro de um ano sem defeitos, uma ovelha de um ano sem defeitos e um cesto de pães ázimos
3. Na entrada do tabernáculo

Behaalotechá
1. Sete lâmpadas
2. Vinte e cinco anos
3. Porque os israelitas se queixaram

Shelach
1. Doze homens - um de cada tribo de Israel
2. Os descendentes de Anaque (os nefilins)
3. Quarenta dias

Côrach
1. Moisés e Aarão
2. A terra devorou os homens e seus lares
3. Uma praga

Chucat
1. Kadesh
2. A água surgiu da rocha
3. Porque os israelitas continuavam se queixando

Balac
1. Para amaldiçoar os israelitas
2. Uma jumenta
3. Balaão abençoou os israelitas três vezes

Pinechas
1. Aliança de paz
2. Porque Moisés não defendeu Yah como santo junto às águas de Meribá
3. Josué

Matot
1. Evi, Requém, Zur, Hur e Reba
2. Fineias
3. 61.000 burros

Massê
1. Moisés e Aarão
2. Doze nascentes e setenta palmeiras
3. Morte

Devarim
1. Porque as cidades e o povo eram maiores do que os israelitas, e os filhos dos anaquins viviam ali
2. Quarenta anos
3. Nove côvados de comprimento e quatro côvados de largura

Vaet'chananan
1. Em duas tábuas de pedra
2. Para que Ele pudesse disciplinar os israelitas
3. Os heteus, os girgaseus, os amorreus, os cananeus, os ferezeus, os heveus e os jebuseus

Êkev
1. Maná e codornizes
2. Queimou com fogo, esmagou, moeu até se tornar um pó fino e lançou o pó na água
3. Os israelitas perecerão

Reê
1. Uma bênção e uma maldição
2. Um cabrito
3. Sete dias

Shofetim
1. Subornos
2. Muitos cavalos, esposas, e prata e ouro em excesso
3. Bruxaria e adivinhação (o oculto)

Ki Tetsê
1. Ele será apedrejado até a morte pelos homens da cidade.
2. Um ano
3. No mesmo dia em que ele trabalhou, antes do pôr-do-sol.

Ki Tavô
1. Terceiro ano
2. Eles serão abençoados e exaltados bem acima das nações
3. Horebe

Nitsavim
1. Com o povo de Israel
2. Sodoma e Gomorra, Admá e Zeboim
3. Você vai perecer e não viver muito tempo na terra

Vayêlech
1. Moisés tinha 120 anos
2. A Torá
3. O Livro da Lei

Haazínu
1. Adorando a outros deuses
2. Nebo
3. Jericó

Vezot Haberachá
1. Monte Parã
2. Gad
3. Moisés tinha 120 anos

◇◈ Descubra mais livros de atividades! ◈◇

Disponíveis para compra em www.biblepathwayadventures.com

DOWNLOAD INSTANTÂNEO!

Aprendendo Hebraico: O Alfabeto
Porção Semanal da Torá
Favorite Bible Stories
Fruit of the Spirit

Bereshit / Genesis
Shemot / Exodus
Vayikra / Leviticus
B'Midbar / Numbers

www.ingramcontent.com/pod-product-compliance
Lightning Source LLC
Chambersburg PA
CBHW081158070526
44583CB00021B/2900